Wilhelm Herbst

Friedrichs des Großen Antimacchiavel

Ein Spiegel seiner Regierungsgrundsätze und seines Charakters

Wilhelm Herbst

Friedrichs des Großen Antimacchiavel
Ein Spiegel seiner Regierungsgrundsätze und seines Charakters

ISBN/EAN: 9783742891112

Hergestellt in Europa, USA, Kanada, Australien, Japan

Cover: Foto ©ninafisch / pixelio.de

Wilhelm Herbst

Friedrichs des Großen Antimacchiavel

Friedrichs des Großen Antimacchiavel,

ein Spiegel

seiner Regierungsgrundsätze und seines Charakters.

Ein Vortrag,

gehalten

in Barmen und Duisburg im Frühjahr und Winter 1864

von

Professor Dr. Wilhelm Herbst,

Gymnasial-Direktor.

Duisburg, 1865.

Verlag von W. Falk & Volmer.

Vorbemerkung.

Der Vortrag über Friedrich den Großen und seinen Antimacchiavel erscheint hier so wie ich ihn an zwei Orten vor einem größeren Hörerkreise gehalten; nur ganz vereinzelte Einschaltungen sind hinzugetreten. Als ich zum erstenmal um Veröffentlichung gebeten ward, lehnte ich ab, weil ich meine länger gepflegten Studien über Macchiavelli wie über Friedrichs politisch=historische Schriften weiter zu verarbeiten, fortzusetzen und die Frucht davon in einer umfangreicheren Arbeit niederzulegen gedachte. Ich muß aus vielen Gründen für's erste auf diesen Plan verzichten und ließ mich deshalb, zum zweitenmal in Duisburg darum gebeten, gern bestimmen, den Vortrag als solchen drucken zu lassen. Maß, Methode, Darstellung wollen, wie sich von selbst versteht, nach dem nächsten Zweck, der kein wissenschaftlicher ist, bemessen sein. Aber auch ein in engeren Rahmen gedrängtes Bild mag, wenn es irgendwie lebendig erschaut und wiedergegeben ist, auch im Druck noch manches betrachtende Auge erfreuen, wie es als Vortrag die Theilnahme und Zustimmung vieler Hörer gefunden. An Widerspruch wird es ohnehin nicht fehlen. Auch der etwas unorganische Anschluß der allgemeinen Charakteristik des Königs (S. 36 flg.) an den nächsten und spezielleren Gegenstand erklärt sich aus dem Ursprung dieser Blätter, indem der Vortrag nicht gern auf diesen Blick über eine weitere Fläche verzichten wollte. Daß dieser Blick ein rascher und flüchtiger bleiben mußte, ist selbstverständlich. — Zu einigen Hauptpunkten habe ich am Schluß Belegstellen aus den Quellen beigefügt.

Die verdienstliche Schrift Th. Bernhardts über Macchiavell und Antimacchiavel, die gleichfalls und gleichzeitig aus einem Vortrag hervorging, war noch nicht erschienen, als ich den meinigen hielt; und habe ich darum erst nachträglich Kunde davon erhalten. Dieselbe verfolgt indeß einen wesentlich anderen Zweck, indem sie Macchiavellis Fürsten zum Hauptgegenstand macht und dem Inhalt von Friedrichs Gegenschrift Schritt für Schritt folgt, während es mir lediglich auf ganz bestimmte Gesichtspunkte und Charakterzüge aus der letzteren ankam.

Charakteristisch ist es übrigens, wie man neuerdings die historische Wichtigkeit des Antimacchiavel immer williger anerkennt.*) Das Buch ist in der That eine ideelle Geschichtsquelle und in dieser relativen Bedeutung will es erkannt und gewürdigt sein.

---

*) Man vgl. namentlich Bluntschli's inzwischen erschienene Geschichte des Staatsrechts S. 224 flg.

Der alte Fritz! — wenn wir diesen Namen hören, in wem von uns klingt da nicht eine ganze Welt jugendlicher Erinnerungen an? Ja, er war der Held unserer Jugend, wie er der preußische Volkshelb ist und bleiben wird, die populärste Gestalt der neueren Zeit auf deutschem Boden. Das sicherste Zeichen der Volksthümlichkeit, ein Kranz von mythenartigen Anekdoten umgibt ihn wie keinen andern. Die dichtende Sage des Volks hat an der Verherrlichung ihres Lieblings gleichsam mitgearbeitet. Ohne daß Friedrich auch nur seines Volkes S p r a ch e gern und fertig redete, wie ist er ihm doch auf seinen Reisen, im Feldlager, überall nahegetreten, wie wußte er die Herzen zu fesseln! Dieses h e r z l i ch e Verhältniß zu seinen Unterthanen unterscheidet ihn, den d e u t s ch e n E r b f ü r -
s t e n, so sehr von Napoleon, dem r o m a n i s ch e n U s u'r -
p a t o r. Nicht als fehlten auch diesem, dem Sohne der Revolution, die Begeisterung seiner Soldaten, des Volks. Aber seine starre, eherne, herzlose Gestalt in ihrer Unnahbarkeit konnte wohl, so lange sie den Glauben an Unbesieglichkeit aufrecht hielt, die Geister bannen und den Enthusiasmus bis zum Aberglauben und zu abgöttischer Verehrung steigern. Aber mit jenem Zauber wich auch die Liebe. Abfall, Verrath, Haß traten an ihre Stelle, während grade bei Friedrich's Kriegsunfällen die alte Treue sich am lebendigsten rührte. Bei Napoleon der Fluch

der Usurpation, bei Friedrich der Segen der Erbmonarchie. Dort steht der ganze Bau auf zwei Augen, auf persön= licher Energie und Genialität, hier ist es das Fürsten= haus von Gottes Gnaden, dem die Herzen schlagen.

Es ist ein tiefgemüthliches Verhältniß, das die Preu= ßen ihrem alten Fritz gegenüber fühlen.

Aechte Volkshelden sind immer auch die Helden der Jugend. Friedrichs Krückstock, seine Flöte, seine Wind= spiele, die klassischen Orte Rheinsberg und Sanssouci, all das übt noch seinen Zauber aus alter Zeit, wo Ar= chenholz oder Kohlrausch uns zuerst davon erzählt, Gleims Grenadierlieder zuerst davon vorsangen.

Aufs neue verklärt gleichsam erscheint das Bild des großen Königs, seit die Kunst durch Rauchs Meisterhand sich seiner bemächtigt und auf dem schönsten Punkte unsrer Königsstadt jenes gewaltige Denkmal aufgestellt hat, -- in der That ein Stück preußischer Geschichte in Erz. Denn gerade dadurch daß der Künstler es verstand, mit kühnem Griff das Leben der Zeit, neben den Helden= geistern die Geisteshelden, und über ihnen allen thronend den Meister solcher Gesellen, darzustellen, — gerade da= durch hat er mitgewirkt, die Glorie des alten Fritz dem Andenken seines Volkes aufs neue nahezubringen und einzuprägen.

So wirken Geschichtschreibung, Kunst, lebendige Tradition vor allem zu gleichem Ziele zusammen.

Ist aber das also entstehende Bild das richtige, treffende? Ist es nicht ein Lichtbild ohne Schatten und schon darum unwahr? Wie oft wird eingeworfen, ein Preuße könne diesen preußischen König gar nicht richtig würdigen, eben weil er befangen sei und Partei. Die Liebe mache blind. Aber kann man nicht auch umgekehrt sagen: man muß den Werth einer Persönlichkeit selbst erlebt und mit vollem Gemüthsantheil durchgefühlt haben, ehe man urtheilen darf? Ist nicht, mit Schleiermacher zu reden, die Liebe wiederum allein sehend und allein wahr? Benimmt blos die allzu große Nähe das Urtheil und gibt es schon die weite Ferne? Gewiß nicht. Aber wo die richtige Mitte liegt, darüber gleich ein Wort.

Jedenfalls liegt nicht darin die Gewähr eines richtigeren Urtheils, daß man ein Nichtpreuße ist. Denn wenn auch Friedrich, wie alle großen Persönlichkeiten der Geschichte, in reichem Maße Haß und Liebe erfahren hat, gerade darin zeigt sich das universelle seiner Erscheinung, das ihn zum Typus einer ganzen Zeitepoche macht, daß er auch im Ausland, ja in Feindesland die größte Verehrung fand. Alle großen Culturvölker Europas huldigten, zum Theil fast widerwillig, dem großen König. Es ist der den meisten unwiderstehliche Zauber der Größe. Wie er im deutschen Reiche, das auf Seiten seiner Feinde stand, von vielen und gerade den geistig strebsamsten, gefeiert wurde, sagt uns z. B. Göthes Selbstbiographie; in Rußland, so lange im Kampf gegen ihn, wurde Czar Peter III sein begeisterter Verehrer; Frankreich vergalt, trotz der Schmach von Roßbach, Friedrichs Liebe zu seiner Sprache und Literatur mit warmer Gegenliebe. In Oestreich gar, seiner Todfeindin, trat durch den Vorgang Josephs II, seines Nachahmers, an die Stelle des Grimms die Bewunderung. Man sah in Friedrich den Bundesgenossen der f. g. Josephinischen Richtung. Am populärsten war Friedrich damals in England. Der berühmte Geschichtschreiber Macaulay, der, selbst ein einseitiger und heftiger Gegner Friedrichs, keinen Grund hatte, in dieser Aeußerung zu übertreiben, erzählt, Abbildungen des Helden von Roßbach mit seinem dreieckigen Hut und dem langen Zopf seien damals in jedem Hause zu sehen gewesen und noch heute werde ein aufmerksamer Beobachter in den Gastzimmern altmodischer Wirthshäuser zwanzig Portraits von Friedrich für Eins von Georg II, dem gleichzeitigen englischen König, finden. Der Geburtstag Friedrichs wurde in England mit ebenso großem Enthusiasmus gefeiert, wie der seines eigenen Souveräns und in der Nacht waren die Straßen von London glänzend illuminirt.

Trotzdem hat weder damals die Kritik gefehlt, noch schweigt sie vollends heute. Ja in der Gegenwart gerade werden die Gegenstimmen immer lauter, als wollte an Friedrich dem Großen wahr werden, was Schiller von Wallenstein sagt:

"Von der Parteien Gunst und Haß verwirrt,
Schwankt sein Charakterbild in der Geschichte."

Gerade in der neuesten Zeit waren ein Engländer und ein Deutscher, Macaulay und Onno Klopp, bemüht, das Bild des Königs, wie es die Geschichte fast fest gestellt hatte, niederzureißen oder umzubilden. Die Wirkung dieser Bücher, namentlich außer Preußen, in Oestreich, Süddeutschland, Hannover, im ultramontanen Lager, ist unverkennbar. Allerdings haben auch die Gegenwirkungen nicht gefehlt. Namentlich hat in England Carlyle durch seine umfangreiche, äußerst detaillirte, wenn auch kritisch nicht gesichtete Lebensgeschichte Friedrichs diese Aufgabe übernommen; — ein Werk, im Stil oft gesucht räthselhaft, manierirt=aufgebunsen und daher schwer ge=

nießbar und wie man es bei dem bekannten Heroen=An=
beter erwarten durfte, ebenso einseitig im Rausch der Be=
wunderung wie Macaulays Essay im verwerfenden Tadel.

Aber damals wie jetzt ist es die Verschiedenheit gei=
stiger Richtungen, von denen die Opposition gegen Friedrich
ausgeht. Alle diese Angriffe lassen sich auf drei Stand=
punkte zurückführen: auf den religiös = christlichen, den
vaterländischen, den politischen. Zu Friedrichs Zeit, unter
der unmittelbaren Wirkung seiner imponirenden Erschei=
nung waren diese Einwürfe schwächer, schon weil es jenen
drei Richtungen selbst an Kraft und Leben gebrach. Wohl
erhoben die Anhänger des alten Reichs ihre Stimme gegen
den Reichsfeind, den Friedensbrecher, den abtrünnigen
Reichsfürsten; wohl klagte Klopstock, der Vertreter der erwa=
chenden deutschen Dichtung, über den Verächter der Mut=
tersprache, den Religionsspötter, den Eroberer. Aber diese
Klagen und Anklagen wurden überstimmt durch Lessings
Gegeneinfluß, durch die Zustimmung fast der gesammten
jungen Literatur. Und wie vollends erhob damals, in
einer von der höchsten Lebenswahrheit abgefallenen Zeit,
das Christenthum sein strafendes, richtendes, mit ewi=
gen Maßen messendes Wort?

Aber alle diese Richtungen sind jetzt erstarkt. Die
vaterländische Gesinnung ist seit den Befreiungskriegen
eine Macht geworden, die constitutionellen Ideen der
Gegenwart, wie liegen sie weitab von Friedrichs absoluter
Haltung! Und der christliche Glaube der Väter ist, wenn
auch seinem Wesen nach nicht Sache der Welt, doch wie=
der eine Lebensmacht geworden.

Alle drei Standpunkte haben ein relatives Recht der
Anklage, das höchste ohne Frage die herzenprüfende Wahr=

heit, die der historischen Größe den Spiegel des armen Sünders vorhält, deren Blick nicht durch Menschenfurcht und Menschenvergötterung verdunkelt wird. Nur — vergessen wir nicht, daß, wenn wir diesen Spiegel halten, es eben schwache und unreine menschliche Hände sind und daß uns nicht das letzte Gericht zusteht!

Mein heutiger Vortrag soll ein bescheidener Beitrag sein, das Urtheil über den großen König in einigen Stücken zu berichtigen, zu befestigen; die Züge des alten Fritz in dem jungen nachzuweisen und vorzüglich an seiner berühmten politischen Jugendschrift, dem "Antimachiavel" aufzuzeigen, daß die leitenden Gedanken seines Lebens und seiner Regierung schon in frühen Jahren bei diesem frühreifen Geiste feststanden.

Gewiß ist es eine bedeutsame Fügung, daß Friedrich als Kronprinz, unmittelbar vor seiner Thronbesteigung, im Antimachiavel gleichsam das Programm seines fürstlichen Wirkens aufgestellt hat.

Die Geburtsstätte dieser hochwichtigen Schrift ist das Schloß Rheinsberg, wo Friedrich bekanntlich als Kronprinz vier glückliche, inhaltsreiche und folgenschwere Jahre, den Schluß seiner kronprinzlichen Muße, verbracht hat.

Ich nannte vorhin schon Rheinsberg einen klassischen Ort. Er ist das für Friedrichs Leben wie für die Geschichte unseres Staates. Im Norden der Mark, nahe der meklenburger Grenze, in ziemlich reizloser, nur durch einzelne Seespiegel belebter Gegend liegt das von Friedrich umgebaute, mit Parkanlagen umgebene Schloß; nicht gar weit von einem andern klassischen Punkte unserer Geschichte, dem Dorfe Fehrbellin. Die lateinische

Thorinschrift „Friderico tranquillitatem colenti" bezeichnete den Ort als Ruhesitz. Abgelegen genug in der That ist der Ort, nicht einmal eine ordentliche Landstraße führte in seine Einsamkeit. Allbekannt ist es, wie Friedrich hier inmitten einer auserlesenen Freundesschaar mit seiner jungen Gemahlin Hof hielt; wie das Leben aufzugehen schien in Besuchen, Correspondenz mit Voltaire und andern Größen seiner Zeit, in Tanz, Spiel, Gastereien, Conversation; wie Friedrich mit seiner Tafelrunde einen Ritterbund stiftete, der sich nach Bayard, dem Ritter ohne Furcht und Tadel nannte. All das ist bekannt, aber es ist nur die Außenseite. Hinter all den Tändeleien der Idylle von Rheinsberg lag als Kern der volle Ernst; es war die bewußte Vorbereitung auf seinen Regentenberuf. Friedrich erlebt dort die Krisis, in der er zu sich selbst kommt und die Grundzüge seines fürstlichen und menschlichen Charakters erhält. Aus der Stille dieses Aufenthaltes datiren die größten Entwürfe seines Lebens, für Krieg und Frieden; hier wurde der Plan zur Eroberung Schlesiens gefaßt, also zu der That, um welche sich in gewissem Sinne die übrige Regierungsgeschichte Friedrichs gruppirt.

Wohl war auch seine Gefangenschaft in Küstrin, seine strenge Schule an der dortigen Kriegs- und Domänenkammer wichtig für den späteren König. Diese ernste Lebenserfahrung beugte seinen weichen, sinnlichen Willen unter das rauhe Gesetz des väterlichen Willens, lehrte ihn Selbstverläugnung und Gehorsam, brachte zum erstenmal die realen Zustände des Lebens und des Staates seinem Interesse nahe. Aber es war eine Einseitigkeit, eine Unterdrückung alles Eignen. Der gestrenge Vater wollte den Sohn absolut nach seinem Vorbild modeln, verkannte dessen Eigenthümlichkeit und ihr Recht. In Rheinsberg waren die Eindrücke von Küstrin nicht verloren, der Kronprinz ließ dort nie seinen künftigen Beruf aus dem Auge, aber er faßte ihn freier, weiter, größer. Wir wissen aus seinem Briefwechsel, wie er dort arbeitete. Nicht blos sein Regiment in dem nahen Ruppin wurde, dem Vater zu Liebe und aus eignem Interesse, zu einem Musterregiment einexerzirt, nicht blos die Landwirthschaft trieb er mit Geschick und Eifer; nicht blos auf französische Literatur, auf Kunst und Philosophie richteten sich Lectüre und Studien. Vor allen waren es, oft bis in die tiefe Nacht fortgesetzt, politische, nationalökonomische, kriegsgeschichtliche Forschungen, denen er sich hingab. Wir staunen, wenn wir in die Werkstätte seines Geistes blicken, über die Vielseitigkeit und Elasticität, mit der er bald die schwierigsten und höchsten Probleme der Metaphysik, bald politische Tagesfragen, Ewiges und Zeitliches, betrachtet.

Man denke sich nun einen solchen Geist, Kopf und Herz voll von großen Gedanken und Entwürfen, in der ersten Blüthe der Mannesjahre, und doch noch ohne jeden Antheil an der Regierung. Man wird begreifen, wie er den Drang fühlte, sich wenigstens literarisch auszusprechen. Die Oeffentlichkeit der Literatur ist doch auch ein öffentlicher Schauplatz und die Gedanken eines jungen Fürsten sind keimende Thaten. Aber auch das ist natürlich, daß in diesen Lebensäußerungen, die noch nicht beschnitten sind durch die Verhältnisse der wirklichen Welt, ein idealistischer Zug weht.

Der Antimacchiavel soll also, wie der Name sagt,

eine Widerlegung des berühmten Florentiners Macchiavelli und zwar von dessen berühmtester Schrift dem „Fürsten" (principe) sein. Nur ungern verzichte ich darauf, auf den Inhalt dieses weltbewegenden Buches, vor allen auf die geschichtliche Situation, aus der es erwachsen, hier tiefer einzugehen; ich muß mir hier an wenigen Andeu= tungen genügen lassen.

Macchiavellis „Fürst" ist bekanntlich eine Anleitung, wie ein erobertes Fürstenthum zu behaupten ist. Der Inhalt des Buches ist nur aus seinem nächsten Zweck und aus den damaligen Zuständen Italiens, kurz vor dem Anbruch der Reformation zu erklären. Macchiavelli richtete seine Rathschläge als Denkschrift an einen Me= dicäer, den Fürsten von Urbino und Neffen Leo's X, in welchem er das geeignete Werkzeug zur Befreiung Ita= liens von der Fremdherrschaft und zur politischen Eini= gung zu erkennen meinte. Dieses Ziel ist der patriotische Hintergrund, von dem aus seine Vorschläge gewürdigt werden müssen. Italien, dieser „Garten Europas", wie er sein schönes Vaterland nennt, soll einig und frei wer= den; kein Preis ist zu hoch, kein Opfer zu groß; kein Blut soll gespart, keine Thränen geschont werden. Ja der Einheit soll die innere Freiheit — Macchiavelli war kurz zuvor noch begeisterter Anhänger der Republik — geopfert werden. Er sieht ein, der Lehnsstaat des Mit= telalters hat sich ausgelebt, kann die große Aufgabe so wenig lösen wie die republikanische Staatsform; die ab= solute Fürstenmacht, nach dem Muster des antiken Staa= tes, muß es versuchen. Auf die Waffenmacht stehender nationaler Heere und auf geregelte Finanzwirthschaft, um Truppen halten zu können, gestützt, muß ein solcher Fürst mit unbeschränktem Willen alle Kräfte des Landes sich dienstbar machen. Nie, auch in der Gegenwart nicht, ist mit kräftigeren, feurigeren Worten Italiens Einheit gepriesen worden, als im Schlußkapitel des „Fürsten."

Aber wie steht es mit den sittlichen Grundlagen solcher Fürstenmacht? Durch Gewalt gegründet kann sie sich nur mit Gewalt behaupten. Nur Roß und Reisige sichern, nach Macchiavelli, die steile Höhe, auf der sein Fürst steht. Aus einer tiefen Menschenverachtung quellen seine Rathschläge an den Usurpator, für den er schreibt. Auf der Welt gibts nichts als Pöbel, heißt es wörtlich. Daher muß der Fürst die Menschen nehmen, wie sie sind; wohl muß er den Schein der Tugend wahren, sie im Munde führen, haben aber in dieser grundverderbten Welt darf er sie nicht, wenn er bestehen will. Auch Religion soll er heucheln, denn sie haben ist ja einem aufgeklärten Geiste unmöglich. Ein fortwährender Kriegszustand besteht nach Macchiavelli zwischen Fürst und Volk. Beide Mittel, Furcht und Lohn, Strafen und Genüsse muß der Fürst rechtzeitig anzuwenden wissen; aber immer auf die niedrigsten unedelsten Triebfedern der Menschennatur muß er seine Maßregeln gründen. Das Wohl seiner Unterthanen, das materielle wie das geistige, darf er nur genau so weit im Auge haben, als es die Selbsterhaltung seiner Macht fordert oder erlaubt.

Das berüchtigste Capitel des berühmten Buches ist das achtzehnte, das vom Worthalten der Fürsten handelt und das man, wenn von Macchiavellismus, macchiavellistisch u. s. w. die Rede ist, vor allem im Auge hat. Es ist nothwendig, heißt es dort, daß der Fürst das Thier —

und zwar in der Doppelgestalt von Fuchs und Löwe, also
von List und Gewalt — und den Menschen gehörig
zu spielen weiß. Wort zu halten braucht der Fürst nicht,
wenn ihm Nachtheil daraus erwächst und wenn die Ur=
sachen, die ihn zu seinem Versprechen bewogen haben, nicht
mehr bestehen. Er darf, ja muß sich drehen mit dem
Wind und dem Wechsel des Glücks, aber Meister sei
er in der Kunst der Verstellung und Heuchelei.

Wir sehen, es ist die vollendete Frivolität, die alle
Scham abgethan hat, ein Schatten zugleich jenes thea=
tralischen Scheinlebens, durch welches sich die klassischen
Epigonen des damaligen Italiens so traurig charakterisi=
ren. Kein Hauch mehr von sittlichem Adel, von idealer
Lebensauffassung, geschweige von einer religiösen Weltbe=
trachtung. Die Bande zwischen Staat und Kirche sind
zerschnitten, — eine Rückkehr zum antiken Heidenthum
in seiner verderbtesten Gestalt.

Und doch ist dieses kleine Buch, das nur 26 mäßige
Capitel zählt und nur für einen kleinen italienischen
Fürsten bestimmt war, eine wahrhaft weltgeschichtliche
Macht geworden, weil es eben das Geheimniß und das
werdende Bewußtsein der Zeit verräth. Es wurde der
politische Katechismus für fast alle großen Fürsten und
Staatsmänner des 16. und 17. Jahrhunderts: Karl V
und Richelieu, Heinrich IV und Sixtus V, Ludwig XIV
und Catharina von Medicis, in deren Kopf die Bartho=
lomäusnacht ihren Ursprung hat. Macchiavelli ist der
Lehrer der absoluten Regenten der Neuzeit, der Verkün=
der einer neuen Politik.

Es ist ein Zusammentreffen wunderbarer Art, daß
an der Schwelle der neuen Geschichte ein neuer Staat

und eine neue Kirche gleichzeitig ins Leben traten, Macchiavelli und Luther! Welche Gegensätze zwischen dem Italiener, der die erkannte Verderbtheit der menschlichen Natur ausbeutet für egoistische Interessen und schon die Lehre ankündigt, der Zweck heilige die Mittel, und dem glaubensstarken Deutschen, den die tief erkannte Weltsünde und eigne Schuld zur Buße und zur Erneuerung treibt!

Und doch, so sehr alle persönlichen Berührungen zwischen beiden Zeitgenossen fehlen — nicht einmal der Name Luthers kommt in Macchiavelli's Werken vor —, die geschichtlichen Beziehungen fehlen nicht. Der tiefe Groll Macchiavelli's gegen die Kirche seiner Zeit, gegen des Papstes weltliche Herrschaft, die Verachtung und Verspottung ihrer Träger, die sittliche Verzweiflung, die aus seinen Grundgedanken spricht — ist nicht das alles ein redendes Zeugniß über die damaligen inneren Zustände der Kirche des Mittelalters? Er traute ihr keine Lebens- und Wirkenskraft mehr zu. Der stolze Bau dieser Kirche, kühn und kunstvoll wie ihre Dome mit ihrer symbolisirenden Herrlichkeit lag da wie eine Ruine, ohne Seele und Leben, leer an Glauben, arm an Liebe. Der Faden dieser kirchlichen Entwicklung schien durchschnitten; ein neuer Lebensfaden spann sich an.

Aber während es in Deutschland wirklich durch Gottes Gnade wie ein Schwert durch das Herz des Volkes ging, zur Scheidung von Welt und Kirche, suchten in Italien die Gebildeteren im klassischen Heidenthum, in der vergeblichen Erneuerung antiker Zustände Trost und Wiedergeburt.

Aber Eines sehen wir, was wir uns für alle Zeiten

zu merken haben: es ist nicht wahr, was uns katholischer=
seits so oft vorgeworfen wird, der deutsche Protestan=
tismus habe die politische Freiheit vernichtet, die unum=
schränkte Fürstengewalt geschaffen. Im Gegentheil aus
dem versumpften*) Katholicismus und aus der roma=
nischen Volksnatur ist der absolute Staat geboren, und
gerade der deutsche Protestantismus ist es trotz aller
Schwächen gewesen, der das Wahre und Berechtigte
an dieser politischen Entwicklung ausgebildet, das Schroffe
und Unsittliche aber gemildert hat, indem er die Ge=
wissen der Regierenden weckte.

Diese kurze Episode über Macchiavelli und seinen
„Fürsten" war unentbehrlich. Seine Lehren fielen leider
in dem folgenden Jahrhundert auf ein empfängliches Land
und die Saat ging wuchernd auf; vorzüglich in romani=
schen Ländern, in Spanien, Frankreich, Italien. In
Deutschland waren diese Lehren, soweit sie die Staats=
moral angingen, immer wie ein fremder Tropfen im
Blut. Den „gottlosen Macchiavellus" nennt ihn ein deut=
scher Staatsmann des 17. Jahrhunderts.**) Nur gerade im
dreißigjährigen Kriege, der tiefsten Nacht unserer Geschichte,
wo Italiener und Spanier auf deutschem Boden stritten
und wüsteten, jesuitische Beichtväter die Gewissen, roma=
nische Staatsmänner die Rathschläge deutscher Fürsten

---

*) Man übersehe das Attribut nicht. Der katholischen Kirche
als solcher in ihrer Idee und wahren Wesenheit diesen Vor=
wurf zu machen, fällt mir nicht ein.

**) V. L. von Seckendorff, Freund und Rathgeber Herzogs Ernst
des Frommen von Sachsen-Gotha in seinem 1655 geschriebe=
nen „Teutschen Fürstenstaat".

überwachten, — da gerade bringen Macchiavelli's Lehren wie feines Gift in die Herzen der Machthaber ein. Denken wir nur an einen Ferdinand II, an Wallenstein!

Friedrich der Große, zu dem wir zurückkehren, kannte Macchiavelli's Buch aus einer französischen Uebersetzung (Amsterdam 1696), wie ihm diese Sprache überhaupt die Vermittlerin aller fremden Literaturen war. Noch wird sein Handexemplar mit eigenhändigen Randbemerkungen aufbewahrt. Der Anlaß, gegen Macchiavelli zu schreiben, war folgender. Voltaire überschickte im Juli 1737 seinem Verehrer, dem Kronprinzen, sein Manuscript der „Geschichte des Zeitalters Ludwig's XIV" zur Ansicht. Friedrich findet das Werk „entzückend", „nur, fährt er brieflich fort, hätten Sie Macchiavelli, der ein schlechter Mensch war, nicht zu den großen Männern seiner Zeit zählen sollen." Voltaire that ihm den Gefallen und strich den Namen. Der Prinz antwortet am 17. Mai 1738 hocherfreut: „so ist also Macchiavelli von der Liste der großen Männer gestrichen, und ihre Feder bedauert sich mit seinem Namen besudelt zu haben."

Gerade die Erwähnung des Namens bei Voltaire veranlaßte Friedrich, ans Werk zu treten und eine Widerlegung zu versuchen. Schon ein Jahr später ist er in voller Arbeit, wir können aus seinen Briefen an Voltaire Schritt für Schritt den Fortgang der Schrift verfolgen; der Meister erhält die einzelnen Capitel zugeschickt, um sie durchzusehen, zu verbessern. Nur ein paar Briefstellen erlaube ich mir anzuführen. „Wenn ich auch dem Werk, schreibt Friedrich am 6. Nov. 1739, nicht meinen Namen vorsetzen will, so möchte ich doch, wenn das Publi=

kum den Verfasser erriethe, keine Schande davon haben. Ich bitte Sie also mir die Freundschaft zu erweisen, offen anzugeben, was der Verbesserung bedarf. Sie fühlen, daß Ihre Nachsicht in diesem Fall mir nachtheilig und verderblich sein würde." — Und weiter in demselben Brief: „ich habe über Alles, wo die Klugheit mir den Mund schloß, geschwiegen und meiner Feder nicht gestattet, die Interessen meiner Ruhe zu gefährden. Ich weiß eine Menge Anekdoten über die europäischen Höfe, die unfehlbar meine Leser unterhalten hätten, aber ich hätte dann eine Satire geschrieben, um so verletzender, weil sie wahr gewesen wäre. Und das werde ich niemals thun. Ich bin nicht geboren, um die Fürsten zu ärgern, vielmehr möchte ich sie weise und glücklich machen helfen." Im Dezember 1739 schickte er seinem literarischen Mentor schon die ersten zwölf Capitel, denen im Frühjahr 1740 die übrigen folgten, mit der Bemerkung: „Ich überlasse Ihnen mein Werk, überzeugt, daß es sich unter Ihren Händen verschönern wird. Ihr Schmelztiegel thut noth, um das Gold von der Schlacke (alliage, eig. Legirung) zu scheiden."

Von Voltaire überarbeitet erschien das Buch im Haag in Holland. Friedrich hätte es zuletzt nach Veränderung seiner persönlichen Lage gern der Druckerpresse entzogen, aber es war zu spät; der Verleger, van Duren, kam mit dem Druck zuvor, Ende September 1740, zur Zeit als Friedrich schon König geworden war. Der Titel der Schrift, der auch von Voltaire herrührte, war: L'Antimachiavel, ou l'examen du Prince de Machiavel, avec des notes historiques et politiques. In dieser Gestalt ging die Schrift in die Ausgabe der Oeuvres de Frédéric vom Jahr 1786 über.

Friedrichs Originalmanuscript unter dem Titel „réfutation du Prince de M.," hat man mit Ausnahme des zweiten Capitels erst in neuerer Zeit wieder aufgefunden und im achten Band der von der Akademie der Wissenschaften herausgegebenen sämmtlichen Werke Friedrichs des Großen neben dem Voltaire'schen Text wieder abgedruckt. Wir sehen aus einer Vergleichung beider Texte, daß Voltaire, als Franzose und erster Stilist seiner Zeit ohne Achtung vor dem Individuellen, nicht blos in Formveränderungen sehr frei mit dem Original umgegangen ist und manchen charakteristischen Zug verwischt hat.

Das Aufsehen dieser kleinen Schrift, die in 26 Capiteln Punkt für Punkt ihrem Gegner folgte, war ein großes, allgemeines. Rasch auf einander folgten neue Auflagen, Nachdrücke, Uebersetzungen, eine neue abgeschwächte Redaction Voltaire's. Der wahre Autor, überhaupt nur dünn verschleiert, blieb nicht lange verborgen. So kam zu dem Interesse an der Sache das ungleich größere an der Person. Die Persönlichkeit des Kronprinzen war durch ihre denkwürdigen Jugendschicksale, durch die großen Erwartungen, die man von seinen Gaben hegte, Gegenstand allgemeiner Aufmerksamkeit. Und man denke sich, daß es damals, in einer Zeit wo sich die Pläne des inneren wie äußeren Staatslebens ganz anders wie heute in das undurchdringliche Geheimniß des Kabinets und der Diplomatie hüllten, ein unerhörter Vorgang war, wenn ein Fürst, anonym und doch nicht incognito, über politische Dinge schrieb. Aber nun vollends, was er schrieb, kündigte in gewissem Sinn eine neue Zeit, eine neue Staatsansicht an, zu der sich Friedrich bekannte, der er gleichsam gelobte dienen und nachleben zu wollen. Nach mei=

ner Ansicht haben außer Macchiavelli's Fürsten selbst nur noch zwei politische Schriften, Montesquieu's esprit des lois und Rousseau's contrat social eine ähnliche geschichtliche Bedeutung in der neuern Zeit gehabt.

Hören wir zunächst Friedrich selbst über seine Absichten. Er schreibt in dem Vorwort: „Der Fürst des Macchiavelli ist hinsichtlich der Moral das, was das Werk des Benedikt Spinoza in Sachen des Glaubens ist. Spinoza erschütterte die Grundlagen des Glaubens und bezweckte nichts weniger als den Umsturz aller Religion. Macchiavelli verdarb die Politik und unternahm es, die Vorschriften einer gesunden Moral zu zerstören. Die Irrthümer des Einen waren nur Irrthümer der Speculation, die des Andern gingen die Praxis an." Weiter unten: „ich wage es, die Vertheidigung der Humanität gegen ein Ungeheuer zu übernehmen, das sie zerstören will, und ich bin in meinen Reflexionen über dieses Werk demselben Kapitel für Kapitel gefolgt, damit das Gegengift dem Gift sofort nachfolge. — Ich habe den Fürsten des Macchiavelli immer für eines der gefährlichsten Werke gehalten, die sich in der Welt verbreitet haben. Denn dies Buch muß natürlich Fürsten und solchen, die Geschmack an der Politik finden, in die Hände fallen, und da es sehr leicht ist, daß ein junger Mensch von Ehrgeiz, dessen Herz und Urtheil nicht genug gebildet ist, um gut von bös zu unterscheiden, durch Grundsätze, die seinen heftigen Leidenschaften schmeicheln, verdorben werde, so muß man jedes Buch, das hierzu beitragen kann, als absolut verderblich und dem Wohl der Menschheit feindlich ansehen."

„Wenn es schon schlecht ist, die Unschuld eines Privatmannes zu verführen, der nur geringen Einfluß auf

die Weltereignisse ausübt, so ist es noch weit schlechter,
Fürsten zu verderben, die über Völker herrschen, die Ge=
rechtigkeit verwalten und ihren Unterthanen ein Beispiel
derselben geben, durch ihre Güte, ihre Großmuth und
ihre Barmherzigkeit ein lebendes Bild der Gottheit sein*)
und weniger Könige sein sollen durch ihre Größe und ihre
Macht als durch ihre persönlichen Eigenschaften und ihre
Tugenden."

Wie nun Friedrich seinen Gegner zu widerlegen ge=
sucht hat, also die kritische und polemische Seite des Bu=
ches kann uns heute nicht beschäftigen. Vielmehr kommt
es mir darauf an, Ihnen zu zeigen, daß in dieser Ju=
gendschrift die Zukunftsgedanken der Politik Friedrichs
und Preußens keimartig enthalten sind, daß dies kleine
Büchlein zugleich ein heller Spiegel ist, aus dem uns
die Charakterzüge des großen Königs, in Licht wie Schat=
ten, bereits entgegentreten. Es gilt, wie ich sagte, den
alten Fritz im jungen zu erkennen. Auch ist dies
überhaupt die ungleich interessantere Seite im Antimac=
chiavelli, die eigentliche Widerlegung ist ihm weit weniger
geglückt, weil er in jugendlicher Abstraction und im Stil
der unhistorischen Aufklärungszeit das angegriffene Buch
als ein von allen zeitlich=örtlichen Bedingungen losgelöstes
Produkt betrachtet und behandelt, weil er in ihm irrig eine
Staatslehre sieht, während es lediglich eine praktische
Staatskunst, gegebenen Verhältnissen entsprungen und
angepaßt, sein will. Auch war dem Prinzen im Grunde der
positive Zweck, sich auszusprechen, mehr Bedürfniß, als

---

*) Par leur bonté par leur magnanimité et leur miséricorde les
images vivantes de la divinité.

der negative, den Macchiavelli zu bekämpfen. Aber bei aller Unvollkommenheit der Schrift, — ich darf kühn sagen, man suche ein zweites Beispiel, wo ein Fürst in so jungen Jahren mit solcher Klarheit und Größe, mit solchem Adel seine Aufgabe gefaßt und sie mit solcher Schärfe darzustellen gewußt hat. Freilich sind nicht alle Ideen des Antimacchiavell original, nicht einmal die Grundgedanken sind es, aber Friedrich zuerst verbindet naturrechtliche Theorien mit politisch-realen Anschauungen und tritt mit dem Anspruch auf Durchführung und Verwirklichung auf.

Ebenbilder der Gottheit — so hörten wir eben im Vorwort — sollen die Fürsten sein durch Güte, Großmuth, Barmherzigkeit. Wir sehen, es fehlt dem fürstlichen Verfasser nicht an einem Ideal. Aber, wie er sein Vorbild auf dem Thron nicht in der Reihe christlicher Fürstenpersönlichkeiten sucht, sondern unter den heidnischen Imperatoren Roms — Marcus Aurelius ist sein Regentenideal — so hat er, als er den Antimacchiavel schrieb, schon den Begriff verloren, daß die Sittlichkeit ihre allein unerschöpfliche, ewig erfrischende und erneuernde Quelle im Christenglauben habe, daß man von einer annähernden Gottebenbildlichkeit oder einem Streben danach vollends nur da reden könne, wo Gott erkannt werde, wie er ist, und der Mensch, wie er ist, d. h. in der ganzen Blöße seiner gefallenen Natur; wo endlich das zerrissene Band zwischen Geschöpf und Schöpfer wieder gebunden werde durch die gottmenschliche erbarmende, heilende, rettende Liebe. Dieser Glaube, der einst in seinen Kinderjahren von dem altgläubigen Vater und Anderen als fester Lebensgrund dem Kronprinzen ins Herz gesenkt werden sollte, hatte nie Wurzeln darin geschlagen; — die geistigen Mächte der Zeit (und

Friedrich war in diesem Punkte völlig ein Kind seiner
Zeit) wie eigne sittliche Verirrungen hatten ihn weit und
weiter von diesem Ziel verschlagen. Ob er sich glücklich
dabei fühlte? Ein merkwürdiges Geständniß entfällt ihm
im achtzehnten Kapitel des „Antimacchiavelli". Er sagt,
dem Macchiavelli genügt es nicht, daß ein Fürst das Un=
glück hat, ungläubig zu sein; er will seinen Unglau=
ben noch krönen durch Heuchelei. Mit Abscheu weist er
Verstellung auf diesem heiligsten Gebiet von sich, setzt
aber hinzu: „es gibt Leute, die Macchiavelli's Ansicht sind;
was mich betrifft, so scheint mir, man muß einige Nach=
sicht gegen die Irrthümer der Speculation haben,
wenn sie nur nicht die Verderbniß des Herzens im Ge=
folge haben, und ich glaube, das Volk wird einen un=
gläubigen Fürsten, der ein Ehrenmann ist und sein
(des Volkes) Glück macht, mehr lieben als einen verbre=
cherischen und schlecht handelnden Orthodoxen. Nicht die
Gedanken des Fürsten, sondern seine Handlungen
machen die Menschen glücklich." —

Halten wir den Schreiber beim Wort. Allerdings
scheint er einen bestimmenden Einfluß der Religion
auf die sittliche Haltung abzuleugnen, in der ersteren nur
ein Gedankending, eine philosophische Speculation über
Gott und Welt anzuerkennen. Wie sehr er schon darin
mit sich selbst in Widerspruch geräth, indem er, gleich
seinem Vorbild Marcus Aurelius, allerdings in der Phi=
losophie eine tröstende und veredelnde Lebensmacht suchte
und erkannte, brauche ich kaum zu sagen. Aber doch nennt
er es ein Unglück, wenn das lebendigste Band zwischen
Fürst und Volk fehlt. Das Volk kann sich zur Phi=
losophie seines Fürsten nicht hinaufschrauben, dieser viel-

mehr muß es in seinem eigensten Lebenskreise bemüthig aufsuchen. Freilich ist dem Volke der ungläubige Fürst, wenn er wohl thut, lieber als der Orthodoxe oder sich so stellende, wenn er ihm wehe thut — aber wenn es nun ein gläubiger und wohlthuender wäre!

Das religiöse Gebiet ist Friedrich schon im Antimachiavel ein völlig gleichgültiges; die Toleranzidee in dem Sinne des etwas spätern Wortes, jeder könne nach seiner Façon selig werden, tritt schon hier vollständig auf. Aber auch schärfere, höhnende Aussprüche fehlen nicht. So sagt er wörtlich: „die Religion ist eine alte Maschine, die sich nie abnutzen wird, deren man sich zu allen Zeiten bedient hat, um sich der Treue der Völker zu versichern, und um der Ungelehrigkeit der menschlichen Vernunft einen Zügel anzulegen".

Dies die religiöse Haltung oder vielmehr Haltlosigkeit Friedrichs. Erklärte Freigeisterei, offener Bruch mit dem Glauben seines Volkes, der geistige Hochmuth der s. g. Philosophie des Jahrhunderts, zugleich aber der Wahn, ein sittliches, bis zur Ebenbildlichkeit Gottes gesteigertes Ideal, sei bei völliger Religionslosigkeit denkbar oder erreichbar.

Was ist nun nach Friedrich die Quelle, der Ursprung der Fürstenmacht?

Nicht von Gottes Gnaden, auch nicht durch die Macht geschichtlicher Verhältnisse, sondern aus Uebertragung durch das Volk entsteht ihm die Monarchie. Sie sehen, der Gedanke der Volkssouveränität, des Rousseauschen Vertrags regte sich schon hier im Munde des absolutesten Fürsten. Diese ideelle Selbstvernichtung der unbeschränkten Monarchie, welches Zeichen der Zeit! wel=

cher Vorbote der Revolution! Seine Ideen haben gleichsam ein Doppelgesicht, das eine in die Vergangenheit, nach der absoluten Monarchie hin, das andere der revolutionären Zukunft zugekehrt. Aus dieser ungeschichtlichen Vorstellung zieht nun Friedrich die Folgerungen, die er selbst freilich am wenigsten befolgte. Zunächst stößt uns gleich im ersten Capitel das berühmt gewordene Wort auf, der Fürst sei nicht der absolute Herr, sondern der erste Diener des Staates. Im Antimacchiavelli gebraucht er den noch mehr sagenden Ausdruck le premier domestique des peuples, in zwei späteren Schriften von 1748 und 1777 le premier serviteur de l'état. Aus dem Ursprung der Fürstengewalt folgt ihr wahrer Zweck. Hat das Volk sie eingesetzt, so kann es nur geschehen sein in seinem Interesse. Das Gesammtwohl ist der höchste Staatszweck. So unrichtig die angegebene Quelle des Staates ist, so wahr ist hiermit Ziel und Zweck bezeichnet. Nur kommt es eben darauf an, welcher Factor im Staatsleben dieses Gesammtwohl zu erkennen, zu finden, festzustellen habe; und gerade darin zeigte sich Friedrichs ungebrochene absolute Haltung, daß er der alleinige Finder sein und bleiben wollte. Immerhin eine .Einseitigkeit und ein Abfall von seiner Staatslehre. Aber daß er die Volkssouveränität mit allen ihren Consequenzen nicht zur Wahrheit machte, — ist es nicht, als hätte ihm der gute Genius unseres Staates die Hand gehalten? Allerdings hat auch die Theorie, das neue Naturrecht eines Grotius, Hobbes u. a. auf Friedrichs Anschauungsweise eingewirkt, tiefer aber die im Hohenzollerschen Hause großgezogene Gewissenhaftigkeit in den Regentenpflichten. Seit dem großen Kurfürsten war das was Friedrich theoretisch ausspricht, die praktische Staatsweisheit der Hohenzollern, die immer die fürstliche Persönlichkeit mit dem Staatszweck identifizirten, den Dienst des Regenten für das Gemeinwohl verlangten. Sie kennen wohl jenen historisch verbürgten Zug aus des großen Kurfürsten Leben, wie er einst seinen jungen Söhnen als Wahlspruch in die Feder dictirte, mit dem Versprechen, sechs Ducaten solle der erhalten, der ihn zuerst auswendig wisse, den Satz: „so werde ich das Regiment führen, daß ich eingedenk bleibe, es sei des Volkes und nicht meine persönliche Sache." Allerdings wurde von dem großen Kurfürsten tiefer und wahrer seine fürstliche Stellung als ein Gottesdienst mehr denn als Menschendienst gefaßt. Das hat Friedrich nach seiner ganzen Lebensrichtung nicht vermocht, aber doch, fast wider Wissen und Willen, zeigt sich in vielen seiner Gedanken die stille aber tiefwirkende Macht christlicher Einflüsse. Das gehört ja zu dem geheimen Segensgang des Christenthums, daß es denen wohl thut, die es hassen, nicht wissend, was sie thun.

Was an Friedrichs Satz wahr ist, das trat siebzig Jahre später, durch geschichtliche Führungen ohne Gleichen seiner Einseitigkeit und Uebertreibung entkleidet, in den Stein-Hardenberg-Scharnhorst'schen Reformen glorreich zu Tage. Aber Friedrich gebührt der Ruhm, so wenig er selbst von seiner Gewalt abgab, doch diese Zukunft geahnt, ja durch manche Einrichtungen angebahnt zu haben. Auch spricht er im Antimacchiavelli, auffallend genug, seine Bewunderung Englands als eines Musterstaates aus. „Dort, sagt er, ist das Parlament Schiedsrichter über Volk und König, und der König hat alle Macht Gutes zu thun, er hat aber keine Macht Böses zu thun." Hier scheint die Vorliebe seiner Jugend für England, die englisch-hannövrische Abkunft seiner Mutter und Großmutter und die Erkenntniß, wie wichtig ihm eine Allianz mit diesem Staate werden könne, mitzusprechen.

Worauf ruht nun das Gemeinwohl nach Friedrichs Ansicht? Auf Gerechtigkeit. Diese also, das Recht, muß der Fürst vor allem pflegen. Dieser Grundsatz stellt zwei Forderungen an den Fürsten: 1. muß er im Innern seines Staates nicht blos dem Unrecht steuern durch gute Justiz, deren oberster Satz „Gleichheit vor dem Gesetz" ist, er muß auch schaffend und fördernd auf die Gesammtthätigkeit seiner Unterthanen wirken, le bien public nach allen Richtungen, im Materiellen wie im Geistigen, entwickeln helfen, 2. muß er nach Außen hin das Recht zur Anerkennung bringen, d. h. er muß den Schutz und die Vertheidigung seiner Staaten als Pflicht erkennen. Aber jene innere Aufgabe kommt vor dieser nach Außen gerichteten. Für beide Pflichten soll der Fürst selbst, persönlich einstehen; im Frieden wie im Krieg in rastloser Selbstthätigkeit sich den Amtsgeschäften widmen. Also die Friedenspflichten des Fürsten sollen seinen kriegerischen vorangehn.

Nur ein paar Jahre später, und der junge König wird als der erste Heerfürst seiner Zeit, des Jahrhunderts gepriesen, Krieg und Eroberung scheint der Inhalt seines Lebens werden zu wollen, die eine Hälfte seiner Regierung ist fast ganz von Kriegsstürmen erfüllt — wie spricht er sich im Antimacchiavelli im einzelnen über diese Lebensfragen aus?

Wesentlich friedlich. Und wir haben Grund, ihm zu glauben, daß ihm diese Seite seines einstigen Berufes vor allen am Herzen lag. Besonders scharf polemisirt er gegen Macchiavelli's Forderung, sein Fürst solle ausschließlich Soldat sein; das sei nichts als Donquixoterie. Die militärische Seite des Fürstenamtes sei nur die secundäre. Aber versäumen darf man auch sie nicht. Der Fürst muß im Frieden sich selbst und sein Heer militärisch ausbilden, im Krieg, wenn irgend möglich, selbst führen. Sein Interesse, seine Pflicht, sein Ruhm, alles nöthige ihn hiezu; er ist der geborene Beschützer seiner Völker. Im Kriegsfall sei seine persönliche Anwesenheit im Felde schon wegen der Einheit in der Kriegführung nöthig. Ist er selbst militärisch unfähig, so muß er sich mit geschickten Generalen umgeben. Dies ist noch immer besser, setzt er mit unverkennbarem Seitenblick auf östreichische Verhältnisse hinzu, als wenn der General unter dem Ministerium stehe.

Macchiavelli hatte unter den Bildungsmitteln für den Krieg die Jagd genannt, die zur Terrainkenntniß führe. Friedrich, bekanntlich ein Feind der Jagd, die ihm sein Vater durch Zwang vollends verleidet hatte, macht dies Mittel in längerem Excurs lächerlich. Die größten Heerführer, wie Gustav Adolf, Marlborough, Prinz Eugen seien keine Jäger gewesen. Ein Jäger, den die Hitze der Verfolgung des Wildes allein beherrsche, habe nicht Zeit, keine Stimmung, auf Terrainbildung zu achten; das könne man gründlicher im Spazierengehen. Ueberhaupt seien die Menschen in der Welt, um zu denken und zu handeln. Die Jagd fördere keinen von beiden Lebenszwecken. Und wenn sie als gesundheitstärkendes Mittel die Lebensdauer verlängere, was es denn helfe, den trägen und unnützen Faden seiner Tage bis zu Me=

thusalems Alter hinzuspinnen. Je mehr man gedacht und schöne Handlungen verrichtet, desto mehr habe man gelebt. — Es ist dieselbe Stimme, die seinen beim Sturm stutzenden Grenadieren einst zurief: Kerls, wollt Ihr denn ewig leben? — Die Mittel der Kriegführung sind eigene Truppen und Bündnisse. Die ersteren können theils inländische, theils geworbene sein. Friedrich bekämpft zwar Macchiavelli's Ansicht, unter keinen Umständen dürfe man Söldner in Dienst nehmen, aber doch gibt er zu, das höchste, was ein Regent anzustreben habe, sei ein rein nationales Heer; aus der eigenen Kraft heraus müsse sich ein Staat vertheidigen. Das Heranziehen geworbener Truppen erscheint ihm als unentbehrlicher Nothbehelf, soll anders ein kleiner Staat, wie Preußen, seine Aufgabe erfüllen. Jedenfalls aber müßten die inländischen Truppen in numerischem Uebergewicht sein. Friedrichs Gedanken entsprachen hier genau dem thatsächlichen Zustande der preußischen Armee, die beim Tode Friedrich Wilhelms I c. $1/3$ Ausländer zählte. Aber schon dieser dachte 1733 alles Ernstes an die allgemeine Dienstpflicht. Was damals die Verhältnisse zu verschieben nöthigten, war nicht aufgehoben. Also auch auf militärischem Gebiet regen sich die Ideen von 1808—1813. — Von den damaligen Elementen der europäischen Heere entwirft Friedrich selbst im 12. Capitel ein sehr trauriges Bild: „Die Truppen bestehen, sagt er, aus der Hefe des Volks, aus Faulenzern, die den Müßiggang der Arbeit vorziehen, aus Wüstlingen, die im Heer Ungebundenheit und Straflosigkeit suchen, aus solchen, denen Folgsamkeit und Gehorsam gegen ihre Eltern fehlt, aus unbesonnenen jungen Leuten, die sich aus Leichtsinn anwerben lassen und die, da sie nur aus Leichtfertigkeit dienen, ebenso wenig Zuneigung und Anhänglichkeit an ihren Herrn als die Fremden haben." — Aus den letzten Worten sieht man, daß Friedrich Preußen nicht von diesem abschreckenden Bilde hat ausnehmen wollen. Aber er wird gegen sein eigenes Volk unbillig. Den Kern der Armee bildeten auch damals die pommerschen, brandenburgischen, preußischen Bauernsöhne, und es bedurfte nur des ersten Waffenganges der schlesischen Kriege und eines Volkshelden, wie es Friedrich war, um diesen bisher nur gedrillten und abgerichteten Burschen eine neue Seele einzuhauchen und in ihnen die Anfänge des „Volkes in Waffen" aufleben zu lassen.

Aber mit diesen Rüstungen, diesem Heere — was sollte geschehen? Wollte Friedrich auch nur, wie sein Vater meist, den großen Ereignissen der europäischen Politik zuschauen? lavirend und unterhandelnd, nie losschlagend?

Wie wenig das seine Absicht war, zeigt schon der Grundsatz, den er im 21. Capitel des Antimacchiavelli hinstellt: nie und nimmer neutral bleiben, unter keiner Bedingung. Neutralität ziehe den Staaten Unbilden von beiden kriegführenden Parteien zu und mache sie zum Kriegsschauplatz. Auch darin erkennen wir die Art und Kunst des alten Fritz, daß er, wo einmal gekriegt werden darf und soll, mit der Kriegseröffnung lieber dem Gegner zuvorkommen will. „Die Klugheit, schreibt er im 26. Capitel, gebietet, daß man die kleinen Uebel den größern vorzieht, und daß man handelt, so lange man ihrer Herr ist. Es ist besser sich in einen Offensivkrieg einzulassen, wenn man noch die Wahl hat zwischen dem Oelzweig und dem Lorbeerzweig, als bis zu jenen verzweifelten

Zeiten zu warten, wo eine Kriegserklärung nur auf einige Augenblicke die völlige Sklaverei und den Ruin verzögern kann. Ist diese Lage auch fatal für einen Fürsten, er thut doch am besten, sich seiner Kräfte zu bedienen, bevor die Schritte seiner Feinde ihm die Hände binden und ihn die Macht verlieren lassen." — Klingt das nicht wie siebzehn Jahre später, kurz vor dem siebenjährigen Kriege geschrieben?

Welche Kriege hält aber Friedrich für erlaubt oder geboten? Zunächst verurtheilt er alle **Eroberungskriege** als unmoralisch auf das strengste. Die Eroberer nennt er „voleurs illustres" und vergleicht ihr unersättliches Streben mit des Tantalus Qualen. Karl XII von Schweden, den Typus einer Eroberernatur, den das Vorbild Alexanders des Großen in des O. Curtius Darstellung verlockt habe, charakterisirt er wie folgt: cet homme extraordinaire, ce roi aventurier, digne de l'ancienne chevalerie, ce héros vagabond. Das Urtheil ist besonders für den Urtheilenden selbst interessant, weil es in der That kaum einen schärferen Gegensatz geben kann, als zwischen jenem nordischen Könige, der an der Heißblütigkeit des Südens zu leiden scheint, und Friedrich dem Großen, an dem jeder Zoll ein Staatsmann ist, der nie, auch wo er zu erobern scheint, ins Ungemessene schweift, dem der Krieg immer nur Mittel, nie Zweck war.

Im Schlußkapitel des Antimacchiavelli stellt Friedrich vier Fälle auf, in denen Souveräne Krieg anfangen können, ohne daß ihnen das vergossene Blut ihrer Unterthanen zum Fluche wird: 1. um Usurpatoren zurückzutreiben, 2. um legitime Rechte aufrecht zu erhalten, 3. um die Freiheit der Welt zu garantiren, 4. um der Unterdrückung und Gewaltthat Ehrgeiziger aus dem Weg zu gehen. Die beiden ersten Gründe führen zu Defensiv-, die letzteren zwei zu Offensiv-Kriegen.

Der zweite Fall ist offenbar der, welchen Friedrich als seinen Fall im Auge hat. Er sagt darüber: „auch die Kriege, welche die Souveräne zur Aufrechterhaltung gewisser Rechte oder gewisser Ansprüche, die man ihnen streitig machen will, beginnen, sind vollkommen gerecht. Da es keine höheren Tribunale für die Könige gibt und keine Obrigkeit in der Welt, die über ihre Differenzen urtheilt, so gilt es, mit Waffenkämpfen über ihre Rechte zu entscheiden und über die Stärke ihrer Gründe zu urtheilen. Die Fürsten plädiren, die Waffen in der Hand, und sie nöthigen, wenn sie können, ihre Neider, der Gerechtigkeit ihrer Sache freien Lauf zu lassen."

Es ist kein Zweifel, und andere Anspielungen im Antimacchiavelli bestätigen es, Friedrich denkt bei den Rechtsansprüchen, deren Schutz einen gerechten Krieg hervorrufe, an Preußens Ansprüche auf Jülich-Berg oder Theile von Schlesien. Daß Kaiser Karl VI seinen alten treuen Bundesgenossen Friedrich Wilhelm I zuletzt bei den Ansprüchen auf Jülich-Berg im Stiche ließ, gerade diese Treulosigkeit ward bekanntlich der Anlaß, die nie ganz eingeschlafene Schlesische Frage wieder zu erwecken.

Aber Friedrich spielt im 18. Kapitel des Antimacchiavelli auch ausdrücklich auf jenen Wortbruch des Kaisers an, der alles Vertrauen raube. Offenbar trug sich Friedrich schon damals, inmitten der Rheinsberger Muße, mit Absichten auf Schlesien. Nur daraus erklärt es sich, daß er sofort, nachdem die Nachricht vom Ableben des Kaisers in Rheinsberg eingetroffen, entschlossen war, sich Schlesiens zu bemächtigen. Er erblaßte, als er die Todesnachricht vernahm; — es war die Krisis seines Lebens. Aber diese Augenblicklichkeit des Entschlusses und dieses Erblassen selbst wird nur erklärlich, wenn wir eine längere Vertrautheit mit dem Gedanken annehmen. Der Plan, Schlesien zu nehmen, ist des jungen Königs ungetheiltes Eigenthum, ganz in seinem Kopf und in der Einsamkeit entstanden, gegen alle Einreden anderer festgehalten.

Wir sehen, der Kronprinz war auf beides gefaßt; er hoffte noch auf längeren Frieden, aber andernfalls schlug er auch ans Schwert. Mit Grund konnte er schon deshalb noch auf eine Reihe von Friedensjahren hoffen, weil Karl VI erst 56 Jahre zählte und kurz vor seinem Tode noch bei bester Gesundheit schien. Ja auch nach dessen Tod lag die Aussicht nahe, Maria Theresia werde Friedrich durch Abtretung einzelner Gebietstheile in ihr Interesse ziehen und zum ritterlichen Vorkämpfer der gefährdeten pragmatischen Sanction gewinnen. Wie bekannt, sind später wirklich solche Versuche, aber erfolglos, gemacht worden.

Wie Friedrich schon im Antimacchiavelli sich innerlich auf den Scheideweg stellt, ob Krieg, ob Friede, so entstand beim Tode seines Vaters allgemein die Frage, was wird der junge König thun? Eben in seiner Vielseitigkeit wie in seiner Klugheit und Selbständigkeit lagen so viele Möglichkeiten. Die Einen erwarteten einen Hof, an dem Männer von Geist und Wissenschaft eine große Rolle spielen würden; das kronprinzliche Rheinsberg werde in königlichem Glanz wieder auferstehn; nur der Ehrgeiz, für einen Gelehrten zu gelten, beherrsche den König.

Andere vermutheten ein Hofleben in Pracht und Ueppigkeit. Wieder andere sahen in ihm den zukünftigen Patron der Gewerbe, der Künste. Aber der französische Gesandte de la Houx meinte — unter allen wenigstens der Wahrheit am nächsten — dem Vater des Vaterlandes werde Friedrich den **Helden** hinzufügen. Sie alle haben einzelne Seiten seines Wesens aufgefaßt, Friedrich vereinigte aber viele Seiten in seinem Geiste.

Ich nannte den Antimacchiavelli vorhin das Programm seiner Regierung. Ob er als König alles wahrgemacht, was er als Kronprinz verheißen?

Gewiß nicht. Aber wo und wann im Weltleben decken sich Idee und Wirklichkeit, Wort und That?

„Die Lehre ist der Freiheit voll,
Das Leben voller Gebote,"
sagt ein moderner Dichter.

In der Politik ist das doppelt wahr, wo die Entschlüsse in jedem Moment bedingt sind durch die Entschlüsse anderer Mächte, durch den ganzen Zusammenhang gegebener Verhältnisse. Oft ist das Verhalten der einen Macht nur das Echo von dem Verfahren der andern. Aber zuzugeben ist, daß der Gegner des Macchiavell in seiner auswärtigen Politik noch gar oft in die Fehler seiner Antipoden verfallen ist, daß er die List und Verstellung, das Raffinement und Versteckspiel, das die unvermeidliche Mitgift der damaligen europäischen Politik schien, seinerseits reichlich erwiedert, oft überboten hat. Es scheint, als hätte er seine Stellung zu andern Mächten als einen fortwährenden Kriegszustand angesehen, wo alle Vortheile, alle Listen gelten. Wer will den großen König wegen dieser sittlichen Gebrechen rechtfertigen oder gar, nach Art von Hofhistoriographen, beloben?

Ich habe mich bemüht, Ihnen aus dem Antimacchiavell einige Hauptzüge vorzuführen, aus denen wir sahen, daß schon im Kronprinzen der König, im jungen Fritz der alte sich spiegelt. Vier Punkte traten uns da besonders entgegen: seine Religionslosigkeit, seine freigeistige Staatsansicht, seine Sätze über das Heerwesen, seine Absichten auf Schlesien.

Gestatten Sie mir, verehrte Anwesende, zum Abschluß die übrigen zerstreuten Züge des Antimacchiavell zu einem kurzen Charakterbild des Königs zu verbinden, indem ich zugleich sein späteres Leben vergleichend ins Auge fasse. Es ist ein Glück, das uns in diesem Umfang kaum zum zweitenmal bei einem Herrscherleben gegönnt ist, daß uns in Friedrichs Briefsammlung eine so reiche Quelle für die Geheimnisse seines innern Lebens fließt. Ein lebendig-unmittelbares Zwiegespräch mit seinen Freunden, das mitunter offen und unverhüllt klingt wie ein unbelauschtes Selbstgespräch, in welchem der Königspurpur wohl fällt und der einsame Mensch mit seinem Trotz und seiner Verzagtheit offenbar wird.

Man muß es sagen, daß Friedrich der Große, wie selten ein Herrscher, die volle Verantwortung für die Thaten seiner Regierung, die heilsamen wie die unheilvollen, trägt, denn er war die schaffende, tonangebende, mit eigner Hand alles leitende, ordnende, bevormundende Persönlichkeit. Soweit man das von einem Menschen sagen kann, ist er im Guten wie im Schlimmen der Schöpfer von Preußens damaligen Geschicken. Dem Zeitalter, das von ihm seinen Namen trägt, hat er das Gepräge seines Geistes und Wesens aufgedrückt. Gerade deshalb ist es so wichtig, diesen Geist, dieses Wesen zu begreifen, denn es ist der Schlüssel und Spiegel für die ganze Epoche.

Friedrich war eine gemischte, complicirte Natur, wie im Grunde alle, die den tiefsten Frieden nicht gefunden haben. Daher das vielfach Widerspruchsvolle in ihm. Und wie in ihm Unkraut und Weizen unter einander aufwuchsen, so in seinen Maßregeln, in seinen innern und äußern Thaten. Der große Scheideprozeß, der Weizen und Unkraut sonderte, das verhängnißvolle Gericht über die Schatten dieser Regierung brach in der Katastrophe von 1806 herein. Wer nur scharf und hell sehen wollte! Nicht das ist die Wahrheit, daß der ganze Staat Friedrichs des Großen in den Tagen von Jena und Auerstädt fiel, nein, die Spreu und das Unkraut wurden verbrannt, der Weizen, die lebenskräftigen Substanzen, die überlebten diesen Sturz und wurden die Keime der Wiedergeburt des Staates.

Die wahre Größe Friedrichs und sein bleibender Ruhm liegt darin, daß er sich mit hingebender Treue ganz und gar dem Staate widmet, darin aufgeht, daß er nicht das Seine in dieser Lebensarbeit sucht, sondern das Wohl, den Ruhm und die Größe seiner preußischen Lande. Während bei weitem die meisten deutschen und außerdeutschen Fürsten seiner Zeit in egoistischer Genußsucht und sinnlichem Müßiggang dahinlebten, hat Friedrich in rastloser Selbstverleugnung sein Leben aufgeopfert. Dieses Pflichtgefühl, dieser kategorische Imperativ — das ist der tiefste Grund von Friedrichs Größe. Nicht ohne Grund hat Meister Rauch unter die Zeitgenossen Friedrichs, die sein Standbild umstehen, auch den Königsberger Philosophen **Immanuel Kant**, den Vertreter jenes kategorischen Imperativs, aufgenommen. Was Kant **lehrte, lebte** der König und übte dadurch eine vorbildliche und wie magnetische Kraft auf die Generation des damaligen Preußens aus. Denn durch diese Generation — wenn ihrer Bildungswelt und ihren Hauptvertretern die tiefsten Lebensquellen auch gebrachen — geht wie ein Salz der Zeit, konservirend und würzend, eine gesetzlich straffe, in ernster Arbeit und strenger Hingabe sich bewährende Haltung, eine ungemeine Lebensenergie. Sind das nicht auch Führungen des Herrn der Völker? Rings herum französische Frivolität, Spottsucht, Sinnengenuß, in Friedrichs Herzen selbst dieser böse Feind, aber der Zuchtmeister eines harten strengen Gesetzes als Wächter darüber! Diese Zeit des s. g. philosophischen Jahrhunderts in ihrem unermeßlichen Abfall von der Freiheit des Evangeliums und seiner dynamischen Kraft wäre elend verkümmert und verkommen, hätte sie nicht dieses **Joch der Dienstbarkeit** getragen. Der scharfe militärische Luftzug ging durch alle Verhältnisse des Landes und noch heute gilt er in den übrigen deutschen Landen als ein charakteristisches, mehr verurtheiltes als verstandenes, Merkmal preußischer Personen und Zustände. Man versteht das erst, wenn man Friedrich den Großen verstanden hat.

Aber damit dieser so ganz und ungetheilt eine **geschichtliche** Persönlichkeit sein, im Staate so völlig aufgehen konnte, mußten viele von den Banden, die das natürliche und Privatleben des Menschen sonst anspre-

chend und freundlich gestalten, zurücktreten oder ganz ab=
fallen. In der That zeigt uns ein Blick auf Friedrichs
Lebensgang den Loslösungsprozeß von den natürlichen
Lebensbanden bis zu seinem Alter und Tod. Nichts ein=
sameres, öderes, ärmeres kann es geben als das auch
leiblich so heimgesuchte Alter des Königs in seiner Ver=
lassenheit — das Hinsterben der absoluten Monarchie!

Freilich trifft jene Resignation jedes Herrscherleben
mehr oder weniger; Friedrichs mehr als andere und
in anderer Weise! Denn in ihm war der Kampf einer
menschlich so reich angelegten, fein und lebendig organi=
sirten Natur gegen ihre eigene Ertödtung, gegen ihr Auf=
gehen im öffentlichen Leben, im Königsberuf ungleich
größer. Er sollte Alles das, was scheinbar sein Wesen
ausmachte, dem Staate zum Opfer bringen. Was Wun=
der, daß in dem Konflikt dieser Seite seiner Individua=
lität mit den Verhältnissen und seiner geschichtlichen Be=
stimmung das wirklich Tragische in seiner Lebensge=
schichte liegt.

So hatte Friedrich Sinn für häusliches Glück —
seine Ehe verdient den Namen nicht; — in früher Ju=
gend einen noch langehin spürbaren Sinn für Familien=
leben — seine Jugend war ein Kampf mit Kindespflicht
und Pietät. Von Natur besaß er eine auf Thronen
seltene Weichheit; das Herz blutet ihm, wenn er an
die Greuel des Kriegs denkt, wenn er sie sieht; — cette
maudite, cette malheureuse, cette funeste guerre sind
in seinen Briefen oft wiederholte Klagerufe. Manch=
mal hat der Fürst, den Macaulay „einen Tyrannen
ohne Furcht ohne Glauben und ohne Barmherzigkeit"
nennt, Thränen vergossen.

Und doch gegenüber dieser Weichheit — welche menschenverachtende Härte mitunter. Diese Seite hat besonders der Krieg mit seinem immerhin verwildernden Einfluß in ihm genährt, die Vereinsamung seines Alters gesteigert. Es ist, als wenn der milde Wein seines Wesens sich großentheils in Essigsäure gewandelt hätte. Herbe, herrisch, bitter, rücksichtslos trat der alte Fritz auf; ein Gegenstand solcher Furcht, daß unter den Generalen die Rede ging, „man gehe leichtern Herzens zu einer Bataille als zu einer Revue vor dem Könige." Alles menschlich große ohne die echte Demuth, die ein Größeres weiß, isolirt sich auf einsam-kalter Höhe. Das Einzige, woran sein Herz im vollsten Maße betheiligt war, sein eingebornes Organ für Freundschaft zeigte nur um so greller jenen Kampf des Menschen mit dem König. Denn auch für seine Freunde, so sehr er sich herablassen und gleichstellen wollte, blieb er immer der König, der große König. Seine nächsten und liebsten Freunde aber starben früh dahin und das Gefühl des Alleinstehens verschärfte sich nur.

Härte und Weichheit, Apathie und oft freche Spottlust, dies Lachen unter Thränen, Menschenliebe und Menschenverachtung, Freiheitsideen und schrankenloser Fürstenwille, Geringschätzung des deutschen Volkes und seiner Preußen und doch siegreich durch diese Kräfte, brennende Ruhmliebe, die ihn nach außen führte, und ein starker Trieb zur Beschaulichkeit, die ihn zur Einkehr in die innere Welt zog, vor denen ihm aller Weltruhm schaal und verächtlich wurde; eine poetische, Menschen und Zustände der Wirklichkeit schmückende, idealisirende Gabe neben einer Verstandesschärfe, die tief eindringt in die

Realitäten des Lebens — welche Gegensätze und Widersprüche in Friedrichs Natur und Geistesrichtung! Wie weit seine Apathie gehen konnte, zeigt z. B. eine Aeußerung in einem Briefe an d'Argens, seinen Freund, nach dem glorreichen Ende des siebenjährigen Krieges, wo er vollsten Grund zum Jubel zu haben schien. D'Argens hatte den Friedenstag den schönsten Tag seines Lebens genannt. Friedrich erwiedert: "der schönste Tag des Lebens ist der, wo man es verläßt!" —

Wir sehen, eine wunderbare Elasticität gehört wesentlich zu seiner Eigenthümlichkeit. Alle Tonleiter der Gefühle durchleben und, wenn es gilt, doch als der ganze Mann und Kriegsheld, kampfbereit, thatkräftig, königlich dastehn — kein anderer Held der Geschichte hat diese Spann- und Schnellkraft des Wesens. Zwischen Siegen und Niederlagen, auf Märschen und vor belagerten Festungen machte er leichte französische Verse; in allen Lagen hat er heitere Witzworte und kleine Aufmerksamkeiten für seine Schwester die Markgräfin von Baireuth, die alte Madame de Camas, für d'Argens. Französische Leichtigkeit und deutsche Schwermuth! —

Eine eherne Natur wie Napoleon, der fatalistisch-dämonische Eroberer, an dessen finstere Verschlossenheit und kalt-selbstsüchtige Art weder menschliche Freude noch menschlicher Schmerz recht herankommen, geschweige in sie eindringen konnten, eine solche Natur war Friedrich nicht. Aber die tiefen Schatten dieser sonst so liebenswürdigen Natur liegen eben in dem Mangel der vollen Harmonie seines inneren Lebens. Bei Napoleon und ähnlichen Charakteren fehlt der Friede freilich auch, ja

doppelt und dreifach; aber es entzog sich mehr dem prü=
fenden Auge, was in ihm vorging, er erschien daher
mehr aus Einem Guß. Durch Friedrichs Leben geht ein
dualistischer Zug, ein tiefer innerer Zwiespalt, und er
selbst ist offen genug, uns hineinblicken zu lassen.

Ich möchte die beiden Naturen, die in ihm streiten,
kurz so bezeichnen: es ist ein antik=heidnisches Element
in ihm, das entweder heroisch und hart oder resignirend
bis zur Verzweiflung sich äußert, und eine deutsch=gemüth=
volle Seite mit all ihrer Beweglichkeit, Treue und leben=
diger Empfindung.

Dem was das Gleichgewicht dieser Gegensätze hätte
herstellen können, hat er früh entsagt und, im besten Fall,
eine stumme Resignation dem betenden Gottesmuth vor=
gezogen, — die Schuld seiner Zeit, die er in diesem we=
sentlichsten Punkte nicht überragte, seiner Erziehung,
seine persönliche! Die Noth lehrt ihn nicht beten, sondern
nur philosophiren.

Und welcher Philosophie hat er angehangen? — ist
er auf diesem Wege wenigstens zu einer Ueberzeugung
gekommen? Wir können auf die erste Frage nur ant=
worten: dem flachsten und unreifsten System, welches
das klassische Alterthum hervorgebracht, dem Epikuräis=
mus wendet sich Friedrich mit Vorliebe zu, der Lehre
also, die von einer sittlichen Bestimmung des Menschen
ebenso wenig weiß wie von der Unsterblichkeit; die
auf das rein subjective Streben hinausläuft, dem Einzel=
menschen Ruhe und Zufriedenheit des Daseins zu geben.
Nicht zu leben, ist dem Epikuräer kein Uebel; die be=
kannte Formel „sind wir, so ist der Tod nicht; ist aber

er, so sind wir nicht," soll über das schwere Räthsel hinaushelfen. Wer erkennt in Friedrichs Stimmungen und Aeußerungen nicht Anklänge genug an diese Doctrin, die er besonders aus seinem Lieblingsdichter, dem Epikuräer Lukrez schöpfte. Immer wieder, wie auf ein Evangelium, kommt er auf Beweisstellen aus Lukrez zurück; auch in ihm das Bedürfniß einer Autorität! Die andere Frage, ob er es je zu festen Ueberzeugungen gebracht, müssen wir verneinen. Auch andere philosophische Systeme gewannen Einfluß auf ihn. Locke's Materialismus gewiß den traurigsten, denn er ist eine Leugnung des Geistes in seiner Selbständigkeit. Aber charakteristisch ist es, daß Friedrich dem diametralen Gegensatz des Epikuräismus, den Lehren der Stoa, — wie sie ihm besonders in den Schriften seines Vorbildes auf dem Thron, des Kaisers Marc-Aurel entgegentraten, — auch und gerade in seinen ethischen Anschauungen Gehör schenkte. Es ist, als ob sein edleres, sein eigentliches Selbst zu sich käme! Sieht doch der Stoicismus sein Tugendideal gerade in der Vernichtung des blos Persönlichen, in der höchsten sittlichen Vollkommenheit. Aber daß Friedrich zwischen diesen Einseitigkeiten sein Lebenlang hin und her schwanken konnte, das ist eben das Traurige. Auch der Zweifel als Kampf ist gewiß auch ein Lebenszeichen; setzt er sich aber fest, verewigt er sich, so wird er zum Todeszeichen.

Unter allen seinen Ansichten scheint ihm leider am meisten noch die Epikurische von der völligen Vernichtung der Seele festzustehen, wenngleich auch hier die Schwankungen nicht fehlen. Aber da ist es nun wieder das Große, daß ihn diese beklagenswerthe Geistesrichtung nicht zum gesteigerten Genuß, sondern zu gesteigerter Arbeit und Pflichterfüllung treibt, daß die Stoa wieder über Epikur den Sieg in ihm davonträgt. Freilich ist es ein Anderes, wenn, wie bei einem Freiherrn von Stein, das staatsmännische, immer im Größten lebende Schaffen hineinragt in eine ewige Hoffnung, nicht blos des Nach= ruhms auf Erden, der ja auch der Zeit und dem Ver= gehen anheimfällt und zur Persönlichkeit keine Bezie= hung hat.

Jener armselige Skepticismus, der ihn in Fesseln schlug, ist gewiß die tiefste Schattenseite in Friedrichs Leben; zugleich die weiteste Kluft, die ihn von den un= teren Volkskreisen trotz aller Popularität trennte. Wer den lebendigen Glauben seines Volkes für eitel Aberglau= ben hält, den man höchstens toleriren könne, aber auch mit Achselzucken belächeln dürfe, wie kann der Fürst die rechte Liebe haben, die wahre Freiheit wollen? Persönli= ches Leben versteht und achtet nur, wer in dem Finden des persönlichen Gottes den Schlüssel zum wirklichen Verständniß jeder Menschenpersönlichkeit gefunden hat. Ja, der Unglaube Friedrichs ist in letzter Instanz der Schlüssel, um seine inneren Widersprüche, seine Charak= tergebrechen, seinen oft so trostlosen Unfrieden zu erklären.

Erst als Fürst und Volk, in einem Glauben stark, wieder den wahren Einigungspunkt gefunden hatten, erst da wurden nach dem Falle von 1806 die Aufrichtung und die Siegestage von 1813 möglich. Freilich hat da auch das straffe Pflichtgefühl der Fridericianischen Zeit mitgestritten, aber nie hätte jenes schönste Jahr unserer Geschichte wie ein Stern aus dunkler Nacht aufgehen können, wenn nicht neben und über dem Gesetz das Evangelium die Geister erneuert geläutert und geheiligt hätte.

Hierin liegt Friedrichs große historische Bedeutung: ohne ihn kein 1813, aber nur mit ihm und durch ihn noch viel weniger! Und so wird es auch fernerhin für unser Preußen heißen: Friedrichs Thatkraft und die freimachende, lebenschaffende Rückkehr zum Evangelium — siehe da die beiden Grundsteine auch unseres Volkslebens, die rettenden Mächte, das Arbeite und das Bete!

Anmerkungen.

Es kommt mir hier hauptsächlich darauf an, den besprochenen Hauptpunkten die Belege aus dem Antimachiavel beizugeben. Citate aus der geläufigen und allgemein zugänglichen Literatur über Friedrich folgen zu lassen, thut nicht noth. Leider fehlt uns noch immer als anzurufende Instanz eine kritisch gesichtete Lebensgeschichte des Königs, eine Lücke, die hoffentlich Häußer bald füllen wird.

Zu S. 9. Klopstocks Antipathie gegen Friedrich den Großen zeigt sich u. A. schon früh in den beiden Oden an seinen Gönner, König Friedrich V von Dänemark, in des Dichters Augen das Gegenbild des preußischen Friedrich, vom Jahre 1750 und 1751, wo der Sieger von Sorr geradezu mit Julianus Apostata verglichen wird, und in der Ode „an Gleim" vom Jahre 1752. Die Angriffspunkte sind eben Friedrichs Eroberungssucht, sein Antichristenthum, sein Undeutschthum.

S. 13. Was den Ursprung des principe anlangt, so war der Hergang bekanntlich dieser: Pabst Leo X, Giovanni de Medici, suchte für seinen jüngeren Bruder Giuliano in Parma und Piacenza ein Fürstenthum zu gründen. Diesem wollte sich Macchiavelli anfänglich durch seinen Tractat als geeigneten Diener empfehlen, doch als Giuliano schon 1516 starb, blieb die Arbeit liegen, bis Macchiavell später das letzte Capitel hinzufügte und das Ganze nun auch einem Medicäer, dem Neffen Leo's X und Giuliano's Lorenzo di Pietro de' Medici, Fürsten von Urbino, Vater jener Katharina von Medicis zuschrieb.

S. 14. Das harte Wort steht princ. c. 8. extr. „nel mondo non è se non volgo."

S. 18. Alle Details über den äußeren Anlaß, Geschichte und Schicksale der réfutation finden sich von Preuß namentlich aus des Königs Briefen zusammengestellt in den Vorbemerkungen zum Originaltext im 8. Band der Ausgabe der Akademie.

S. 21. Wie Friedrich hier seinen Gegner ein „Ungeheuer" (monstre) nennt, so mag eine kleine Blumen- oder Dornenlese von Kraftworten seinen Ingrimm noch deutlicher malen. So nennt er den Verfasser des Fürsten docteur de la scélératesse, le plus méchant, le plus scélerat des hommes, infame corrupteur, ce sophiste des crimes, ce scélérat infame, charlatan du crime, monstre dénaturé, méprisable auteur, ce politique misanthrope et hypocondre; S. 232 heißt es: il répresente l'univers comme un enfer et tous les hommes comme des démons, u. s. w.

S. 24. Ueber den Unglauben der Fürsten s. Antimach. ch. 18; u. a. „Il y' a des personnes, qui sont de son sentiment; pour moi, il me semble qu'on doit avoir quelque indulgence pour des erreurs de spéculation, lorsqu'elles n'entrainent point la corruption du coeur à leur suite, et que le peuple aimera plus un prince incrédule, mais honnête homme et qui fait leur bonheur, qu'un orthodoxe scélórat et malfaisant. Ce ne sont pas les pensées des princes, mais ce sont leurs actions qui rendent les hommes heureux". Vgl. auch ch. 21.

S. 25. Die Ansicht von der Uebertragung der Fürstengewalt durch das Volk (Antimach. ch. I) findet sich, von andern Belegstellen aus Friedrichs Schriften abgesehen, ebenso in seiner frühsten politischen Schrift, den 1738 vollendeten considérations sur l'état présent du corps politique de l'Europe, als in dem am Abend seines Lebens 1777 geschriebenen essai sur les formes de gouvernement et sur les devoirs, — ein Beweis, daß es ein eigenster Lebensgedanke des Königs war. In der letztgenannten Schrift kommt auch der Ausdruck pacte und (siebenmal) contrat social vor, und zwar nur in dieser Schrift, mit offenbarer Anspielung auf Rousseaus 1762 zum erstenmal gedrucktes Werk.

S. 26. Es wäre eine interessante Aufgabe, die Quellen und Voraussetzungen des Antimacchiavell, die Einflüsse eben der

Staatstheorien eines Grotius, Hobbes, Puffendorf, Thomasius, Wolff zu untersuchen, alles Studienfrüchte der Rheinsberger Zeit. Auch Fénélons Fürstenspiegel wird im Gegensatz gegen Macchiavell erwähnt ch. 7.

S. 27. Die günstige Beurtheilung Englands gegenüber Frankreich, dem Lieblingsstaate Macchiavellis (princ. c. 19), f. Antimach. ch. 19: il me semble, à moi, que, s'il y a un gouvernement dont on pourrait de nos jours proposer pour modèle la sagesse, c'est celui d'Angleterre: là, le parlement est l'arbitre du peuple et du roi, et le roi a tout le premier de faire du bien, mais il n'en a point pour faire le mal. Mit aus Opposition gegen Macchiavellis Erhebung Frankreichs, dessen Parlamente dieser auch als vermittelnd zwischen dem Ehrgeiz der Großen und der Frechheit des Volks charakterisirt, ist dieses Lichtbild Englands entstanden. Uebrigens wird auch die französische Volksnatur ch. 4 nicht gerade schmeichelhaft gezeichnet als mit der vivacité d'un singe behaftet, gegenüber dem flegme d'une tortue, durch das sich der Holländer verrathe.

S. 28. Die zwei Hauptpflichten eines Fürsten s. Antimach. ch. 14, S. 230. 1. l'administration de la justice, 2. (le second devoir, qui suit immédiatement) la protection et la défense de ses états.

S. 29. Macchiavellis Ansicht von der Jagd f. princ. c. 14. Er empfiehlt dort zwei Arten von Vorbereitung für den Krieg, als praktische die Jagd, als theoretische das Studium von Geschichtswerken und eine daraus entnommene Wahl großer Vorbilder. Friedrichs Entgegnung f. im Antimach. ch. 14. Seine sonstigen namentlich brieflichen Aeußerungen über die Jagd finden sich gesammelt in der inzwischen erschienenen trefflichen Schrift von Laufer Die Matinées royales und Friedrich der Große S. 155 flgg. Ueber die Friedenspflichten des Fürsten f. bef. Antim. ch. 21.

S. 30. Im principe c. 12—14. unterscheidet Macchiavelli 4 Truppenarten: proprii, mercenarii, ausiliarii, misti. Die zweite und dritte weist er als unnütz und gefährlich zurück, indem er an den Fluch des Söldnerwesens besonders für Italien erinnert; auch das römische Reich sei durch die Gothen untergegangen.

S. 31. In Bezug auf die Unzulässigkeit der Neutralität stimmen ausnahmsweise Macchiavell und Antimacchiavell überein, ch. 21.

S. 32. Das Prädicat voleur illustre für eine Eroberernatur kommt vor ch. 6, S. 187. Ueber Karl XII s. Antimacch. ch. 8.

S. 33. Auf die Schlesischen Aussichten und Absichten angespielt auch ch. 3: es sei natürlich für einen Menschen, zu hoffen „d'agrandir (son bien) par des voies légitimes" und in demselben Cap. S. 172: nur dann kann ein Eroberer Ruhm erwerben, lorsqu'il devient conquérant par nécessité et non pas par tempérament." Die Hauptstelle ch. 18. j'avoue, d'ailleurs, qu'il y a des nécessités fâcheuses où un prince ne saurait s'empêcher de rompre ses traités et ses alliances; il doit cependant le faire de bonne manière, en avertissant ses alliés à temps, et non sans que le salut de ses peuples et une très-grande nécessité l'y obligent." Daß hier in der That die Schlesische Frage gemeint sei, ergibt der Zusammenhang. Friedrich hat vorher die Lehre Macchiavellis über das Worthalten der Fürsten bekämpft. Dabei erwähnt er, ohne den Anlaß weiter zu bezeichnen, einen Wortbruch Kaisers Karls VI, mit dem Bemerken, man dupirt nur ein mal, und das Vertrauen ist dann für immer verloren. Die Einkleidung „ich gestehe (j'avoue), daß so frappante Züge wie diese ganz und gar das Vertrauen rauben" mit dem eben citirten, wenige Zeilen weiter unten folgenden Satz mit gleichem Anfang „j'avoue cet", zeigen deutlich, daß in Friedrichs Kopf jene kriegerische Absicht die Consequenz dieses politischen Antecedens war.

S. 37. Die bezeichnendsten Stellen über Friedrichs Selbstverleugnung, darunter wirkliche Geistesblüthen, s. jetzt bei Laufer Matinées S. 138 flg. Die deutschen Fürsten werden Antim. ch. 10, S. 209 so charakterisirt: auch der kleinste bâtit son Versailles, il baise sa Maintenon et il entretient ses années.

S. 40. Ueber die gefürchtete Strenge des greisen Königs s. Droysen Yorks Leben I, 14.

S. 41. d'Argens an Madame de Deffaud. Sans-Souci, 23. Juni 1763: le plus beau jour de la vie est celui où on la quitte.

S. 42. Der Epikurische Spruch steht bekanntlich Diog. Laert. X, 124. ὅταν μὲν ἡμεῖς ὦμεν, ὁ θάνατος οὐ πάρεστιν, ὅταν δὲ ὁ θάνατος παρῇ, τόθ' ἡμεῖς οὐκ ἐσμέν.

S. 43. Schon im Antimacch. ch. 19 heißt Marc Aurel „la vertu la plus pure", „ce philosophe couronné." Spuren von Locke'schem Einfluß s. ch. 15, S. 232.